DE MAZADE

DAUPHINÉ, LANGUEDOC, PARIS.

SEIGNEURS DE BESSIÈRES, DE SAINT-PREST, DE SAINT-BRESSON, DE PERCIN ;
MARQUIS D'AVÈZE.

1500—1600

TAIRE OU BIEN DIRE.

1696—1738

AD POSTHUMA LABORARE.

ARMES : *D'azur, à un chevron d'or, accompagné d'un lion en pointe du même, armé et lampassé de gueules ; au chef cousu de gueules, chargé d'un croissant d'argent, accosté de deux étoiles d'or.* (Armorial général officiel de d'Hozier, de 1696). COURONNE : *de comte.*

ARMES ANCIENNES : *D'argent, à un chevron d'azur, accompagné de trois roses tigées et feuillées de gueules ; au chef de gueules, chargé d'un lion passant d'or.*

A famille DE MAZADE est originaire du Dauphiné. Suivant une ancienne tradition, son nom primitif serait DE VINCENS et, plus anciennement, VINCENZI, auquel aurait succédé celui de MAZADE, *Vincenzi di Masada*, qui serait dû à l'illustration d'un ancêtre, dans une des croisades, à « Masada » (1), forteresse située près de Jérusalem, dont les ruines imposantes et le nom

(1) MASADA, en hébreu signifie *forteresse*. Cette citadelle de MASADA, qui avait été construite par le grand prêtre Jonathas, vers 1040 avant J.-C., a été prise et démantelée sous les Romains en 75, après J.-C. (Flavius Josèphe, DE BELLO JUDAÏCO, livre VII, chapitre 28. — Strabon. — *Revue des Deux-Mondes*, février 1853 : *Les Ruines de* MASADA, par F. de Saulcy. — *Dictionnaires des noms propres latins*, de Quicherat, *et grecs*, de Planche-Pillon.)

existent encore. C'est sous ce nom de MAZADE qu'elle s'est répandue en Languedoc, et transplantée à Paris, où elle existe de nos jours.

Elle a produit des secrétaires du roi, maison et couronne de France, près la chancellerie du parlement de Toulouse et de la cour des aides de Montpellier, un capitoul de Toulouse au xvi^esiècle, trois capitaines-forestiers royaux de père en fils à Montech, des avocats au parlement, des procureurs du roi, un avocat général à la cour des aides de Montpellier, un représentant à la Convention, devenu membre du Conseil des Anciens, un trésorier général, un fermier général, un président de tribunal, et des écrivains, dont l'éminent publiciste contemporain Charles DE MAZADE.

Parmi les alliances que la famille DE MAZADE a données ou reçues, on remarque celles de : de Chanaleilles, de Soulh, de Valès, Laniel, de Sterg, de Verger, de Carrié, de Parent, d'Espaigne, de Pérignon, de Sarrus, de Nogerolles, de Bouloc de Dieupentale, d'Azéma, de Raby, de Sabaros, de Pradal, du Bourg, de Saint-Guilhem, de Laparre de Saint-Sernin, de Tartanac, de Manas, de Sabatier, de Queulx, Grimod de la Reynière, de Chauvelin, d'Aumont-Villequier, de Bonald, etc.

La filiation qui suit est établie, sans interruption, tant par les anciens papiers et parchemins de famille, testaments, titres et contrats divers, que par les actes de l'état civil (naissances, mariages et décès), lesquels sont partie en la possession de M. Charles DE MAZADE, chef actuel de la troisième branche (aînée), et partie en celle de M. Alexandre DE MAZADE, chef actuel de la quatrième branche (cadette).

─────────

PREMIÈRE BRANCHE

A TOULOUSE ET MONTECH.

I. Antoine-Henri DE MAZADE, le premier de la famille qui vint du Dauphiné s'établir en Languedoc (collatéral de Pierre DE VINCENS DE MAZADE et de Jeanne DE CHANALEILLES, sa femme), fut notaire et secrétaire du roi à Toulouse, vers 1530; il eut trois enfants, savoir :

1° Étienne DE MAZADE, seigneur de Bessières (1), notaire et secrétaire du
roi, conseiller du roi et receveur général des finances en Languedoc,
trois fois élu capitoul de Toulouse, en 1541, 1562, et 1569. Il signa en
cette qualité des lettres de jussion du roi Charles IX, adressées au sé-
néchal de Toulouse, le 5 mars 1569 (*Titres originaux*). Il a fait partie
d'une députation du conseil général de la ville de Toulouse, envoyée
auprès du même roi Charles IX et de son conseil, en juin 1564 (*Archives de Toulouse et Histoire de G. Bosquet, sur les troubles de Toulouse en 1562, page 128*). Il eut deux fils :

     A. Louis DE MAZADE, mort sans postérité ;

     B. Jean DE MAZADE, secrétaire du roi, maison et couronne de
     France, et contrôleur en l'audience de la chancellerie de Tou-
     louse, en 1588 (*Titre original*). Il mourut en 1593, et fut
     père de :

       AA. Antoine DE MAZADE, cité dans un acte de 1594 ;

       BB. Et une fille.

2° Louis, qui suit :

3° Joseph DE MAZADE, prêtre.

II. Louis DE MAZADE, mort avant 1575, avait épousé Guillaumette DE
SOULH, de Montech, dont il eut trois enfants :

1° Jean, qui suit ;

2° Louis DE MAZADE, épousa Catherine DELSOL, de Montauban, et fut l'auteur d'un rameau à Montauban, qui paraît s'être éteint vers 1700 ;

3° Jeanne DE MAZADE, mariée le 9 mars 1558, à Toulouse, avec Louis de
VALÈS. L'acte de mariage a été signé dans la maison et en la présence
de son oncle, le capitoul, Étienne DE MAZADE, seigneur de Bessières.

III. Jean DE MAZADE partagea, avec Louis, son frère cadet, les biens de
leurs père et mère, le 17 novembre 1575 ; il avait épousé demoiselle N. LANIEL,
de Montauban. Il mourut le 1er juillet 1603, laissant cinq enfants :

1° Louis DE MAZADE, né en 1557, mort en 1612, père de :

     A. Étienne DE MAZADE, qui eut de Catherine DUBOIS :

       AA. Antoine DE MAZADE, né en 1616, mort en 1663, père de :

         AAA. Jean DE MAZADE.

     B. Louis DE MAZADE, auteur d'un rameau connu sous les noms de
     MAZADE-TIMBAL, et dont on ignore la destinée ;

2° Catherine DE MAZADE, mariée à M. DE STERG ;

3° Jean, qui suit :

4° Suzanne DE MAZADE, mariée à Pierre DAYRE ;

5° Étienne DE MAZADE, qui épousa Marie DUBOIS, laquelle mourut le 5 mai
1604. Il laissa trois fils :

(1) Le château DE MAZADE existe encore sous le même nom, *commune de Bessières*, près Buzet
(Haute-Garonne). — Les MAZADE possédaient, en outre, à Toulouse, hors la porte des Minimes, dans la
limite actuelle de l'octroi, une petite maison qui portait leur nom, et que l'on reconnaît au blason
sculpté au-dessus de la porte. — Cette maison de Mazade était le lieu de halte des rois et illustres visi-
teurs de Toulouse. (*Études historiques sur le Languedoc, livre I, ministère Mazarin*; *Archives de Toulouse.*)

DE MAZADE

4

A. Étienne DE MAZADE, né en 1577, mort en 1645, avait épousé
Catherine DE VERGER, dont il eut :

    AA. Antoinette DE MAZADE, religieuse, sœur de St-Alexis, née
en 1628, morte en 1652 ;

B. Jean DE MAZADE, né en 1590, mort en 1651, marié à Antoinette
DE CARRIÉ, dont il eut deux fils et une fille ;

    AA. Jean DE MAZADE, né en 1629, fut tenu sur les fonts par
Louis DE MAZADE, et épousa Marie POURTAL ;

    BB. Autre Jean DE MAZADE, né en 1633, vicaire à Montech ;

    CC. Catherine DE MAZADE, née le 12 mars 1643 ;

C. Jean DE MAZADE, II° du nom, auteur de la DEUXIÈME BRANCHE de
Montpellier.

IV. Jean DE MAZADE, né à Montech, en 1551, fut nommé capitaine-forestier des forêts royales de Montech, Escatalens et Saint-Porquier, par lettres
patentes du 21 juin 1581. Il fut l'un des principaux fondateurs du couvent
des religieuses de Sainte-Claire à Montech (*Délibération du 8 décembre 1613*).

Il eut, pendant les guerres de religion, une vie publique des plus tour-
mentées ; il vit ses trois maisons et ses deux métairies ruinées en défendant
Montech en 1595, comme chef du parti du roi Henri IV, contre le duc de
Joyeuse ; il mourut en 1633. La famille a conservé de lui un beau portrait
daté de 1625, à l'âge de 73 ans.

Il avait épousé en premières noces, le 30 juillet 1578, Anne DELPECH, de
laquelle il eut :

    1° Louis DE MAZADE, né en 1580, chanoine de Saint-Étienne du Tescou,
massacré en septembre 1628 par les protestants, au combat de la Pey-
rière (1). (Voir Le Bret, *Histoire de Montauban*, t. II, p. 298).

Et en deuxièmes noces, Astrugue DE PARENT, dont il n'eut pas d'enfants ;
et enfin, en troisièmes noces, le 9 décembre 1587, Claire D'ESPAIGNE, de laquelle il eut :

    2° Claire DE MAZADE, religieuse au couvent de Sainte-Claire de Montech ;

    3° Catherine DE MAZADE, femme en deuxièmes noces de Guillaume DE PÉRI-
GNON, l'arrière-aïeul du maréchal de France ;

    4° Hélène DE MAZADE, mariée à Guillaume-Pierre DE SARRUS, avocat à la
cour de Toulouse ;

    5° Michel, qui suit ;

    6° Étienne DE MAZADE, chanoine de Saint-Étienne du Tescou, mort le 26
mai 1621 ;

    7° Anne DE MAZADE, née en 1607, morte en bas âge.

V. Michel DE MAZADE, né à Castelsarrasin, le 2 septembre 1596, pendant

(1) Cette affaire est longuement et chaudement décrite dans l'*Estat* de Montauban, p. 129 et suiv.

l'occupation de Montech par le duc de Joyeuse, fut nommé capitaine-forestier du roi à Montech, en survivance de son père. Il fut maire et premier
consul à Montauban, où il joua un rôle important pendant le siège de 1624.
Après la prise de la ville, le temple des protestants fut démoli, et on célébra
une fête suivie d'un bal sur les décombres, et madame Michel DE MAZADE,
femme du maire, ouvrit ce bal avec le commandant en chef de l'armée
royale, à la suite d'un *Te Deum*.

Michel DE MAZADE avait épousé, en 1622, à Grenade (Haute-Garonne),
Ursule DE PÉRIGNON, fille du premier mariage de Guillaume DE PÉRIGNON avec
Catherine de Griffoul. Il mourut à 80 ans, le 9 mai 1676, ayant eu douze
enfants, savoir :

1° Cécile DE MAZADE, morte à 18 ans, religieuse au monastère de Montech
le 23 septembre 1640 ;

2° Claire DE MAZADE, née à Montech, le 4 octobre 1626, mariée à Jean MÉLET
le 21 février 1648 ;

3° Catherine DE MAZADE, religieuse au couvent de Sainte-Claire de Montauban ;

4° Pierre DE MAZADE, né à Montech, le 5 octobre 1629, mort à trente ans, à
Montech, le 27 juillet 1660, capitaine au régiment d'Anjou. Il a légué
par son testament du 20 mai 1660, à l'église Notre-Dame de la Feuil-
lade de Montech (dans laquelle il a été inhumé au tombeau de ses an-
cêtres), un calice d'or aux armes de la famille. Ce calice y existait
encore avant la Révolution de 1793, époque à laquelle l'église fut dé-
truite et son trésor dispersé ;

5° Claire DE MAZADE, deuxième du nom ;

6° Léonor DE MAZADE, née à Montech, le 14 février 1633, morte le len-
demain ;

7° Marie DE MAZADE, née à Montech, le 16 novembre 1635, religieuse (*Acte
de profession*, 17 janvier 1662) ;

8° Ursule DE MAZADE, née à Montech, le 28 juin 1637 ;

9° Jean, qui suit ;

10° Louis DE MAZADE, dit *le Philosophe*, né à Montech, le 26 octobre 1639,
déclina l'honneur de se charger en sous-ordre de l'éducation des enfants du duc d'Orléans, second fils d'Henri IV, et devint à Toulouse
membre de l'Académie des Jeux floraux. Il est mort en 1720, sans
enfants ;

11° Charlotte DE MAZADE, née à Montech, le 26 décembre 1640 ;

12° Marie-Hélène DE MAZADE, née à Montech, le 17 juin 1643, qui épousa
M. DE NOGEROLLES, le 10 janvier 1666.

VI. Jean DE MAZADE, né à Montech, le 20 septembre 1638, mort le 11 août
1708, fut capitaine-forestier du roi à Montech, après son père. Il épousa, le
4 février 1680, Jeanne DE BOULOC, fille de Jean-Pierre de Bouloc, seigneur de
Dieupentale ; elle mourut le 28 septembre 1742, à l'âge de 88 ans. De leur
union naquirent :

1° Claire DE MAZADE, née le 4 octobre 1681, religieuse au couvent des dames de Sainte-Claire de Montech ;
2° Jeanne DE MAZADE, née le 14 janvier 1683, religieuse au même couvent ;
3° Marie DE MAZADE, née le 6 avril 1686, mariée à M. D'AZÉMA ;
4° Françoise DE MAZADE, née le 14 juillet 1687, morte le 1ᵉʳ juin 1688 ;
5° Jean, auteur de la TROISIÈME BRANCHE (aînée) ;
6° Louis, auteur de la QUATRIÈME BRANCHE (cadette) ;
7° Louise DE MAZADE, née le 23 novembre 1691.

DEUXIÈME BRANCHE

A MONTPELLIER (ÉTEINTE).

IV. Jean DE MAZADE, 3ᵉ fils d'Étienne DE MAZADE et de Marie DUBOIS, épousa à Montpellier, le 4 juillet 1635, Jeanne BILONNET, dont il eut deux fils :

1° Laurent DE MAZADE, présent au mariage de son frère Étienne ;
2° Étienne, qui suit ;

V. Étienne DE MAZADE, né en 1641, écuyer, conseiller secrétaire du roi, maison et couronne de France, et contrôleur en la chancellerie près la cour des comptes, aides et finances de Montpellier, office dont il avait été pourvu le 27 octobre 1719 et dans l'exercice duquel il mourut le 20 octobre 1728, ainsi qu'il est dit en un certificat en forme du conseiller garde des sceaux en ladite chancellerie, donné le 2 mars 1737 (*Armorial général de d'Hozier*, registre II, 2ᵉ partie) ; il avait épousé à Montpellier, le 2 août 1665, Marthe DE SABATIER, qui le rendit père de :

1° Guillaume, qui suit ;
2° Laurent de MAZADE, écuyer, fermier général du roi, épousa par contrat du 5 août 1715, Thérèse DES QUEULX, fille de Pierre des Queulx, avocat au Parlement, et de Renée-Louise CLERCH. Il fit enregistrer ses armoiries à l'*Armorial général officiel* de 1696, au registre de la généralité de Montpellier, folio 592 (*Bibliothèque Nationale*). En outre, il reçut un certificat d'armoiries de d'Hozier, le 21 juin 1738. (*Original aux archives de la famille*). Il fut père de :
    A. Marie-Madeleine DE MAZADE, née le 28 mai 1716, deuxième femme de Gaspard GRIMOD DE LA REYNIÈRE, écuyer, fermier général, grand-père de l'écrivain du même nom, puis marquise DE LA FERRIÈRE ;
    B. Henri-Guillaume DE MAZADE, né le 10 septembre 1717, écuyer, conseiller du roi en sa cour du parlement et commissaire aux requêtes du palais, pourvu par Sa Majesté, le 21 juin 1737, et reçu en ladite cour, le 12 juillet suivant, épousa le 9 mars

1738, Catherine-Thérèse DE BLAIR DE BOISEMONT, fille de
Louis-François de Blair de Boisemont, et de Catherine-Jeanne
DE GARS DE BOISEMONT. Il eut de ce mariage :

    AA. Agnès-Thérèse DE MAZADE D'ARGEVILLE, marquise DE
        CHAUVELIN.

C. Laurent-Joseph DE MAZADE DE BOBIGNY, écuyer, fermier général,
    né le 20 octobre 1719, mort en 1750, épousa demoiselle Anne-
    Claude MEYNEAUD, devenue, après son veuvage, comtesse de
    PONS-SAINT-MAURICE.

VI. Guillaume DE MAZADE DE ST-PREST, écuyer, conseiller secrétaire du
roi, épousa, le 19 février 1702, Marianne DE DURBEC, et fut père de quatre
enfants, savoir :

    1° Laurent DE MAZADE, fermier général à Paris ;
    2° Étienne-Laurent, qui suit ;
    3° Guillaume DE MAZADE DE ST-BRESSON, trésorier général des États du
        Languedoc, qui eut de Marie-Antoinette DE LAROCHE, une fille unique :
        A. Antoinette-Marguerite-Henriette DE MAZADE, devenue, par son
            alliance, duchesse D'AUMONT DE VILLEQUIER, et mère de trois
            enfants, deux filles et un fils, savoir :
            AA. Louise-Antoinette-Agnès DE VILLEQUIER, mariée à
                M. DE STE-ALDEGONDE ;
            BB. Jeanne-Louise-Constance DE VILLEQUIER, mariée à un
                autre M. DE STE-ALDEGONDE ;
            CC. Emmanuel-Louis DE VILLEQUIER, duc d'AUMONT ;
    4° Marthe DE MAZADE, épouse de Laurent-Ignace DE JOUBERT, syndic géné-
        ral de la province.

VII. Étienne-Laurent DE MAZADE, marquis d'Avèze (1), avocat général en
la cour des comptes, aides et finances de Montpellier, fut marié à demoiselle
DE VISSEC, de Ganges, dont il eut deux enfants :

        1° N. DE MAZADE D'AVÈZE, qui suit ;
        2° N. DE MAZADE, dame de GUILLEMINET.

VIII. N. DE MAZADE D'AVÈZE est l'auteur de plusieurs ouvrages, entre autres :
Lettres à ma fille sur mes promenades à Lyon (1810) ; — *La Bresse, sa culture, etc.*,
1810 ; — *Itinéraire ou passe-temps de Lyon à Mâcon*, 1812 (Bibliothèque nationale, à Paris).

Il épousa N., dont il eut une fille : Stéphanie DE MAZADE D'AVÈZE, née vers
1790, mariée en 1812 à Victor DE BONALD, frère aîné du cardinal-arche-
vêque de Lyon. Elle est morte en 1825.

Cette branche s'est éteinte en la personne de madame DE GUILLEMINET.

<hr>

(1) Archives de Toulouse ; n° 4402, pages 127 et suivantes d'un livre intitulé : *Les Officiers des États
de la province du Languedoc* (LA CHESNAYE DES BOIS).

TROISIÈME BRANCHE (AINÉE)

A Castelsarrasin et a Paris

VII. Jean DE MAZADE, seigneur DE PERCIN, avocat au parlement, fils aîné de Jean DE MAZADE et de Jeanne DE BOULOC, naquit à Montech, le 6 novembre 1688. Il mourut le 4 octobre 1750, laissant de Isabeau DE RABY, qu'il avait épousée le 19 mai 1710, deux fils et trois filles :

> 1° Catherine-Hélène DE MAZADE-PERCIN, née en 1713, morte en 1799;
> 2° Louis, qui suit ;
> 3° Dominique DE MAZADE-PERCIN, né en 1718;
> 4° Jeanne DE MAZADE-PERCIN, née en 1721;
> 5° Marie-Angélique DE MAZADE-PERCIN, née en 1728, qui épousa M. DE SABAROS.

VIII. Louis DE MAZADE-PERCIN, né à Montech, le 9 octobre 1716, procureur du roi à Castelsarrasin, y épousa, le 22 février 1748, Anne-Marcelle DE PRADAL, et fut père de :

IX. Julien-Bernard-Dorothée DE MAZADE-PERCIN, né à Montech, le 28 mars 1750, fils unique, membre de la Convention et du Conseil des Anciens, dont il sortit au mois de mai 1797. Ayant été longtemps magistrat aux colonies, et notamment à l'Ile-de-France, il fut nommé par la Convention, secrétaire du comité colonial. Il fut souvent envoyé en mission, d'abord à l'armée de l'Ouest, auprès de Biron, puis dans les départements de la Meurthe et de la Moselle, où il sauva le marquis de Barbé-Marbois, maire de Metz (1). La Bibliothèque nationale a de lui de nombreux rapports, proclamations, opinion dans l'affaire du roi, etc. Il a été lié avec Dalayrac et visitait souvent Boissy d'Anglas. Il est mort à Castelsarrasin, le 23 mai 1823. Il avait épousé en 1773, Élisabeth-Amable DU BOURG, de Toulouse, dont il eut six enfants :

> 1° Alphonse, qui suit ;
> 2° N. DE MAZADE-PERCIN, née en 1780, épouse de M. LAMBERT, maire de Sèvres, et remariée après son veuvage, à M. DESPAUX, de Moissac;
> 3° Fanny DE MAZADE-PERCIN, née en 1781, sans alliance;
> 4° N. DE MAZADE-PERCIN, mariée à M. DE SAINT-GUILHEM et mère de quatre enfants ;
> 5° Auguste DE MAZADE-PERCIN, sans enfants, tué au service de la France, en Espagne;

---

(1) Voir *Biographies des Conventionnels* et le *Dictionnaire de la Révolution française*, de Décembre-Alonnier.

6° Charles DE MAZADE-PERCIN, né au Cap de Bonne-Espérance, le 7 mars 1783, a fait les guerres de la République et de l'Empire et est mort à Niort, officier de la Légion d'honneur, en 1858, marié, sans enfants.

X. Alphonse DE MAZADE-PERCIN, procureur du roi, puis président du tribunal de Moissac, né en 1779, mort en 1831, fut le premier protecteur de Troplong. Il épousa Eulalie DE TARTANAC, morte le 1ᵉʳ décembre 1852, dont quatre enfants :

1° Elise DE MAZADE, née en 1816, morte en 1850, mariée à M. ARAMIN PAGÈS, eut pour fils :
    A. Louis PAGÈS, né en 1847, marié à Amélie DE BARREAU, dont il a un fils : Raymond PAGÈS, né en 1876 ;
2° Marie DE MAZADE, née en 1818 et mariée à M. Janus PRZEZDZIECKI. Elle est morte en 1876, laissant deux enfants :
    A. Édouard PRZEZDZIECKI, né en 1844, mariée à demoiselle VOYNITZ, dont un fils :
        AA. Joseph PRZEZDZIECKI, né à Toulouse, le 14 novembre 1875 ;
    B. Clémentine PRZEZDZIECKI, mariée à M. DELPECH ;
3° Charles, qui suit ;
4° Valentin DE MAZADE, né en 1828, ingénieur, a collaboré à la *Revue des Deux-Mondes*, 1861 et 1864.

XI. Charles DE MAZADE, homme de lettres, chevalier de la Légion d'honneur, né à Castelsarrasin (Tarn-et-Garonne), le 19 mars 1820, a fait ses études au collège de Bazas (Gironde), et son droit à Toulouse. Venu ensuite à Paris, il a publié, en 1841, un volume d'*Odes*. Peu de temps après, il a débuté dans *la Presse*, puis dans la *Revue de Paris* et dans la *Revue des Deux-Mondes*, à la rédaction de laquelle il appartient depuis lors. M. Charles DE MAZADE y rédige la chronique politique, où il n'excelle pas moins par l'élévation de ses pensées que par l'impartialité de ses jugements.

Ses livres publiés en dehors de la Revue, sont : 1841, *Odes* ; 1855, *l'Espagne moderne* ; 1860, *Deux Femmes de la Révolution* ; 1869, *l'Espagne contemporaine* ; 1872, *Lamartine* ; 1875, *Portraits d'histoire morale et politique du temps* ; 1875, *La Guerre de France* (1870-1871), 2 vol. in-8° ; 1877, *Le Comte de Cavour* ; 1879, *Le Comte de Serres* ; *la politique modérée sous la Restauration* ; 1880, *50 années d'histoire contemporaine : M. Thiers* (1).

M. Charles DE MAZADE a vu deux fois s'ouvrir devant lui les portes de l'Académie française ; mais point du tout solliciteur, à peine assez visiteur, il

---

(1) Voir entre autres études sur M. Charles DE MAZADE : A. de Pontmartin : *Nouveaux samedis*, 18ᵉ série, 1880 ; Em. Montégut : *Esquisses littéraires* ; *Revue des Deux-Mondes*, 15 janvier 1879.

à laissé entrer avant lui M. Littré en 1871, et M. Maxime du Camp, en 1880.

Il a épousé, à Paris, le 27 décembre 1846, mademoiselle Camille GOBLET, dont il a un fils :

Charles-Auguste-Alphonse-Eulalie DE MAZADE, né à Paris, le 13 octobre 1847.

QUATRIÈME BRANCHE (CADETTE)

A. MONTECH ET A PARIS

VII. Louis DE MAZADE (fils cadet de Jean de Mazade et de Jeanne de Bouloc), né à Montech, le 19 octobre 1689, conseiller du roi, juge de Villelongue, fut nommé juge royal à Montech, avec dispense d'âge, par ordonnance de Louis XIV, du 27 septembre 1712. Il exerça cette fonction pendant plus de 50 ans.

Il avait épousé à Escatalens, le 12 décembre 1719, Catherine DE LAPARRE, de Saint-Sernin. Il mourut à Montech, le 24 avril 1770, ayant eu de son union :

1° Jeanne DE MAZADE, née à Montech, le 19 octobre 1720, épousa le 26 août 1772, Étienne-Jacques DE PENDERIES, ancien officier d'infanterie, dont la mère était Jacquette DE CAUMONT-LAFORCE. Madame de Penderies mourut le 29 brumaire an V; de son union naquit :

    A. Marie-Anne DE PENDERIES, qui épousa, en 1797, Rieutor-Jean-Dominique-Marie DE MANAS, ancien capitaine d'infanterie, dont cinq enfants :

        AA. Dominique-Étienne DE MANAS, ancien garde du corps de Monsieur; ancien officier au 56ᵉ de ligne, maire de Beaumont-de-Lomagne (Tarn-et-Garonne); marié le 23 février 1832, avec Marie-Laurence LOUSTAUNAU, dont :

            AAA. Marie DE MANAS, mariée à M. ROUDEN, dont une fille : Isabelle ROUDEN, née en 1862 :

            BBB. Almaïde DE MANAS, épousa M. Edmond BOISTEL, dont : Léo BOISTEL, né en 1860;

            CCC. Antonin DE MANAS;

            DDD. Armand DE MANAS.

        BB. Jacquette-Anne, dite *Nancy* DE MANAS, mariée en 1837 à Étienne DE MONT-REFET dont :

AAA. Lucie DE MONT-REFET, femme de M. Léon D'OR-
LIAC, dont : Cécile d'Orliac, née le 31 mars 1862;

BBB. Charles DE MONT-REFET, capitaine au 107ᵉ de ligne,
qui a épousé mademoiselle Isabelle BAZIN, dont :
Marie-Antoinette, née le 28 février 1877 ; Pierre,
né le 18 mai 1878 ; et Renée, née le 8 août 1880;

CC. Georges-Alexandre DE MANAS, receveur des contributions
directes à Milhau, né le 6 août 1806, filleul de Georges-
Alexandre DE MAZADE, marié à demoiselle Jeanne-Anne-
Raymonde-Joséphine DE DARAILH, fille de Jean de Darailh, capitaine de cavalerie, et petite-fille de Jean de
Darailh, capitoul de Toulouse, en 1767. De ce mariage
sont nés 5 enfants :

AAA. Gabrielle DE MANAS, épousa M. Charles VIRENQUE,
banquier à Milhau, dont deux fils : Joseph VI-
RENQUE, né en 1860; Louis VIRENQUE, né en 1862;

BBB. Gaston DE MANAS, abbé, vicaire à Notre-Dame-
de-Lorette, à Paris ;

CCC. Felicia DE MANAS, épouse de M. Emmanuel DE
COULANGES, colonel du 83ᵉ de ligne, dont une
fille : Marie DE COULANGES, née en octobre 1871;

DDD. Albert DE MANAS, marié à Avignon, et père de
trois enfants : Jeanne, Lucien et Anne DE MANAS;

EEE. Marie-Louise DE MANAS, mariée à M. DE LA FOUR-
CADE, propriétaire à Aire-sur-l'Adour, dont :
Geneviève, née en 1878, morte en 1879; et
Henri, né à Aire, en juillet 1880.

DD. Dominique-Armand DE MANAS, propriétaire à Montauban,
marié en 1841, à demoiselle Jeanne-Marie-Clara RI-
CHARD, dont :

AAA. Virginie DE MANAS, décédée;

BBB. Laurence DE MANAS, mariée à N. RODRICK, dont
deux enfants : Paul, né en 1872, et Marie, née
le 4 février 1874;

EE. Georges-Alexandre-Marie-Louis-Victor DE MANAS, officier de la Légion d'honneur, médecin en chef des éta-
blissements civils de Philippeville (Algérie), marié en
novembre 1851, à demoiselle Céline ROUDEN, fut père
de trois enfants :

AAA. Rieutor DE MANAS;

BBB. Cécile DE MANAS, épouse de Henri DE JOUSSI-
NEAU, vicomte DE TOURDONNET, dont une fille :
Gabrielle, née en 1867;

CCC. Marguerite DE MANAS.

2° Jean-Louis, qui suit :

VIII. Jean-Louis de Mazade, avocat au parlement, juge royal à Finhan (Tarn-et-Garonne), et de la baronnie de Montfourcaut, né à Montech, le 25 octobre 1721, épousa, le 12 mai 1761, Antoinette Jougla, à Finhan, où il mourut le 13 octobre 1785, ayant eu quatre enfants :

> 1° Jean-Baptiste-Marguerite-Joseph de Mazade, curé de Bessens (Tarn-et-Garonne), né en 1762, mort en 1790;
> 2° Mathieu de Mazade, né en 1765, mort à 20 jours ;
> 3° Georges-Alexandre, qui suit ;
> 4° Gille-Élisabeth de Mazade, née en 1770, mariée à Jean Arquié, morte à 25 ans, en 1795.

IX. Georges-Alexandre de Mazade, né à Finhan, le 4 décembre 1767. C'est de lui que M. Alexandre de Mazade, son petit-fils et filleul, a dit dans une intéressante digression de son poème : *A travers l'Italie* :

> Fils de magistrat, près Toulouse,
> Mon aïeul, en quatre-vingt-douze,
> En bonne compagnie est noblement à sec;
> Sa particule dans sa poche,
> Il part volontaire de Hoche,
> Et laisse à ses enfants l'honneur, mais rien avec.

Il épousa, étant sergent à Grenoble, le 9 juillet 1793, Marie-Josèphe Calippe, reçut des mains du marquis de Fontanes la croix de lis le 22 août 1814, devint juge de paix à Finhan, et mourut à Toulouse, le 17 septembre 1842. De son union vinrent :

> 1° Alexandrine de Mazade, née à Grenoble le 23 mai 1794, mariée à Jean-Pierre Abbadie. Devenue veuve à Toulouse, en 1845, elle est morte chez son frère, Jean-Louis, à Beaumont-sur-Oise, le 2 septembre 1867, sans enfants ;
> 2° Jacques de Mazade, né en 1796, mort en bas âge ;
> 3° Victoire de Mazade, née à Finhan, le 28 décembre 1797, sans alliance;
> 4° Emmanuel de Mazade, né en 1800, mort en bas âge;
> 5° Jenny de Mazade, née à Finhan, le 12 novembre 1802, morte en 1859;
> 6° Françoise dite Fanny de Mazade, née à Toulouse le 26 avril 1803, veuve de François Authenac, mort en 1855 à Toulouse;
> 7° Jean-Louis qui suit ;
> 8° Edouard de Mazade, né à Toulouse en 1809, mort officier d'artillerie à Metz, le 12 avril 1837.

X. Jean-Louis de Mazade, né à Toulouse le 15 mars 1805. Il eut à cœur de redorer son blason, et il y parvint par l'industrie, à force de travail, d'ordre et de persévérance, comme le raconte, en des accents simples et touchants, son fils aîné, dans les strophes qu'il a consacrées à sa famille (1).

Manufacturier important, il devint et resta environ douze ans maire de la ville de Beaumont-sur-Oise, où il a laissé des monuments ineffaçables de sa bonne et paternelle administration. Il a appelé et réuni ses trois sœurs de Toulouse, Alexandrine, Victoire et Fanny, dans sa maison de Beaumont, où la vie est restée patriarcale.

Il a épousé à Paris, le 29 septembre 1832, Anne-Clarisse DESVOYES, et il y est mort le 12 février 1871, ayant eu de son union cinq enfants :

> 1° Alexandre, qui suit ;
> 2° Edouard, dont la descendance sera rapportée après celle de son frère ;
> 3° 4° et 5° Anastasie, Léonie et Anaïs DE MAZADE, mortes en bas âge.

XI. Alexandre-Louis DE MAZADE, né à Paris le 29 janvier 1836, licencié en droit, manufacturier. Il est auteur de plusieurs opuscules remarqués, dont le dernier paru : *A travers l'Italie, Rimes d'un touriste pressé* (Paris, 1879), est l'œuvre pleine de verve, de finesse et de sentiment d'un artiste et d'un poète.

Il a épousé le 19 juillet 1866, Céline-Marie SAGOT-BEAUFORT.

XI *bis*. Edouard-Victor-Louis DE MAZADE, vice-président de la Société protectrice de l'enfance, né le 5 septembre 1840, à Paris, a épousé le 18 avril 1866, Marie JORIAUX, dont il a eu trois enfants :

> 1° Virginie de MAZADE, née le 31 mars 1871 ;
> 2° Louise DE MAZADE, née le 28 janvier 1877 ;
> 3° Louis DE MAZADE, né le 26 janvier 1880, mort le 22 mars suivant.

---

(1) C'est ce passage du poème qui a valu à son auteur la lettre suivante d'un de ses illustres devanciers comme élève du collège Henri IV :

« Monsieur et cher camarade,

« J'ai lu avec un vif plaisir les *Rimes d'un touriste pressé*. C'est tout à fait charmant, d'un tour « aisé et aimable, où le ton familier alterne sans façon avec la note poétique, la muse d'Horace, « *Musa pedestris*, le bâton de voyage à la main et une aile au talon.

« Votre autobiographie (quel grand vilain mot bête!) à propos des mûriers de la plaine lombarde, « est un chef d'œuvre de grâce et d'émotion. Le reste est d'un homme de beaucoup d'esprit; ce pas- « sage-là est d'un homme de beaucoup de cœur, à qui on est heureux de serrer la main, et je vous la « serre cordialement.

ÉMILE AUGIER.

« Paris, le 21 mai 1879. »

Ajoutons qu'à d'autres points de vue, qui ne sont pas indifférents à notre publication, ce même livre a été honoré des gracieuses félicitations de Monseigneur le comte de Chambord.

Saint-Ouen (Seine). — Imp Jules Boyer.